Impressum
Verlag: BABADADA GmbH, Nedderfeld 112 , 22529 Hamburg
Geschäftsführer / Verlagsleitung: Harald Hof
Druck: Books on Demand GmbH, In de Tarpen 42, 22848 Norderstedt

Imprint
Publisher: BABADADA GmbH, Nedderfeld 112 , 22529 Hamburg, Germany
Managing Director / Publishing direction: Harald Hof
Print: Books on Demand GmbH, In de Tarpen 42, 22848 Norderstedt

de school
el colegio

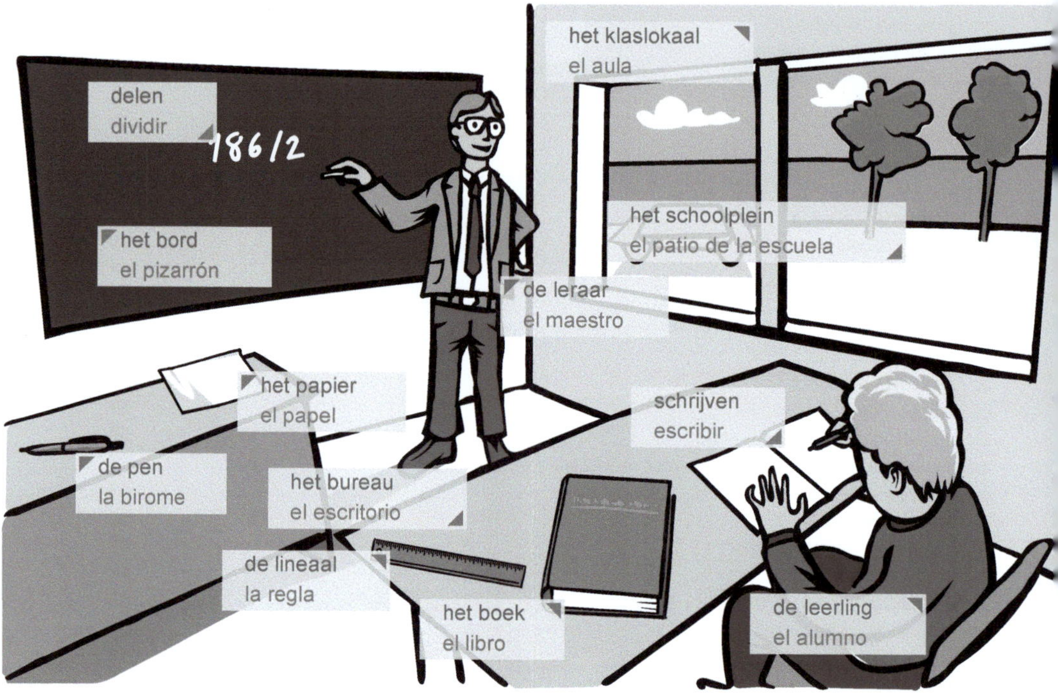

het klaslokaal
el aula
delen
dividir
186/2
het schoolplein
el patio de la escuela
het bord
el pizarrón
de leraar
el maestro
het papier
el papel
schrijven
escribir
de pen
la birome
het bureau
el escritorio
de lineaal
la regla
het boek
el libro
de leerling
el alumno

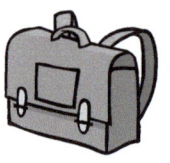

de schooltas
la mochila

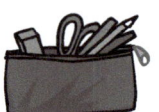

de etui
la caja de lápices

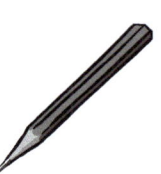

het potlood
el lápiz

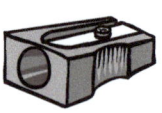

de puntenslijper
el sacapuntas

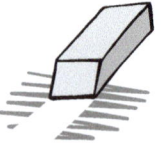

de gum
la goma (de borrar)

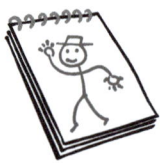

het schetsblok
el bloc de dibujo

de tekening

el dibujo

het penseel

el pincel

de verfdoos

la caja de pinturas

de schaar

la tijera

de lijm

el pegamento

het schrift

el cuaderno de ejercicios

het huiswerk

la tarea

het getal

el número

optellen

sumar

aftrekken

restar

vermenigvuldigen

multiplicar

rekenen

calcular

de letter

la letra

het alfabet

el abecedario

het woord

la palabra

de tekst
el texto

lezen
leer

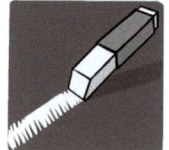

het krijt
la tiza

de les
la lección

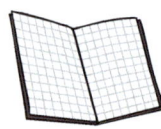

het klassenboek
el cuaderno de clase

het examen
el examen

het diploma
el certificado

het schooluniform
el uniforme escolar

de opleiding
la educación

de encyclopedie
la enciclopedia

de universiteit
la universidad

de microscoop
el microscopio

de kaart
el mapa

de prullenmand
el tacho (de basura)

de reis
el viaje

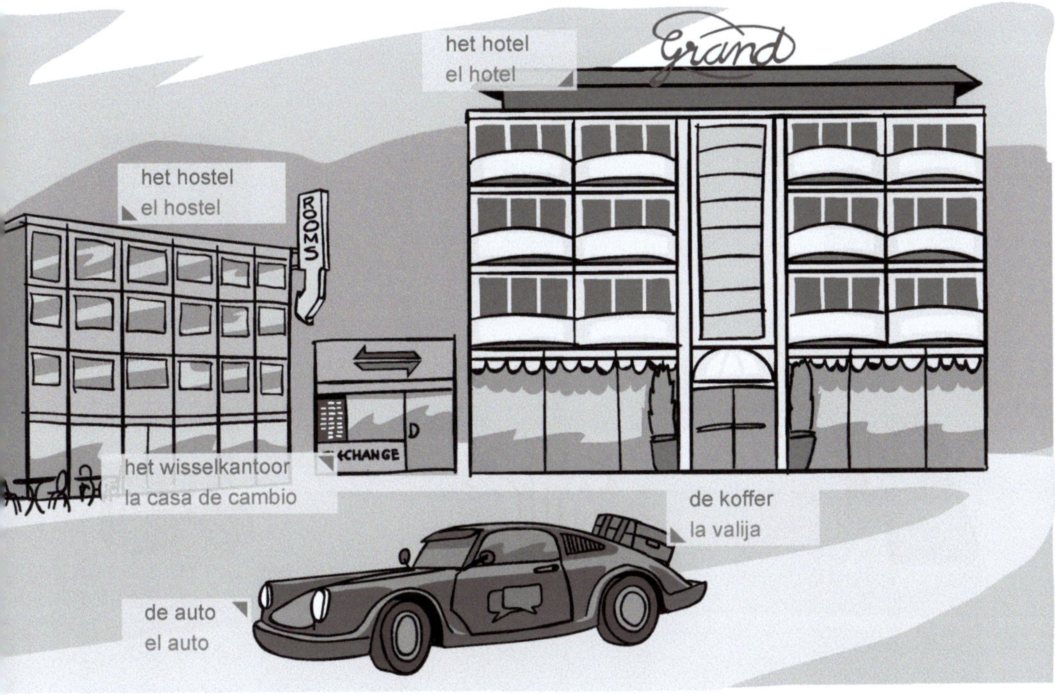
Grand
het hotel
el hotel
het hostel
el hostel
ROOMS
het wisselkantoor
la casa de cambio
de koffer
la valija
de auto
el auto

de taal

el idioma

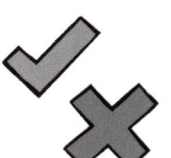

ja / nee

sí / no

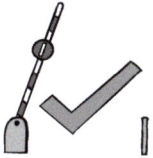

oké

Está bien

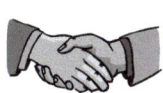

Hallo!

hola

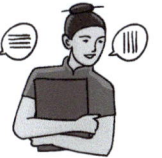

de tolk

el traductor

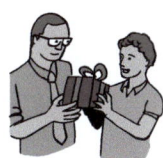

Bedankt.

Gracias

Wat kost ...?

¿cuánto cuesta...?

Ik begrijp het niet.

No entiendo

het probleem

el problema

Goedenavond!

¡Buenas tardes!

Goedemorgen!

¡Buenos días!

Goedenacht!

¡Buenas noches!

Tot ziens!

el adiós

de richting

la dirección

de bagage

el equipaje

de tas

el bolso

de rugzak

la mochila

de gast

el invitado

de kamer

la habitación

de slaapzak

la bolsa de dormir

de tent

la carpa

de reis - el viaje

het VVV-kantoor

la información turística

het strand

la playa

de creditkaart

la tarjeta de crédito

het ontbijt

el desayuno

de lunch

el almuerzo

het diner

la cena

het kaartje

el pasaje

de lift

el ascensor

de postzegel

el sello

de grens

la frontera

de douane

la aduana

de ambassade

la embajada

het visum

la visa

het paspoort

el pasaporte

het transport
el transporte

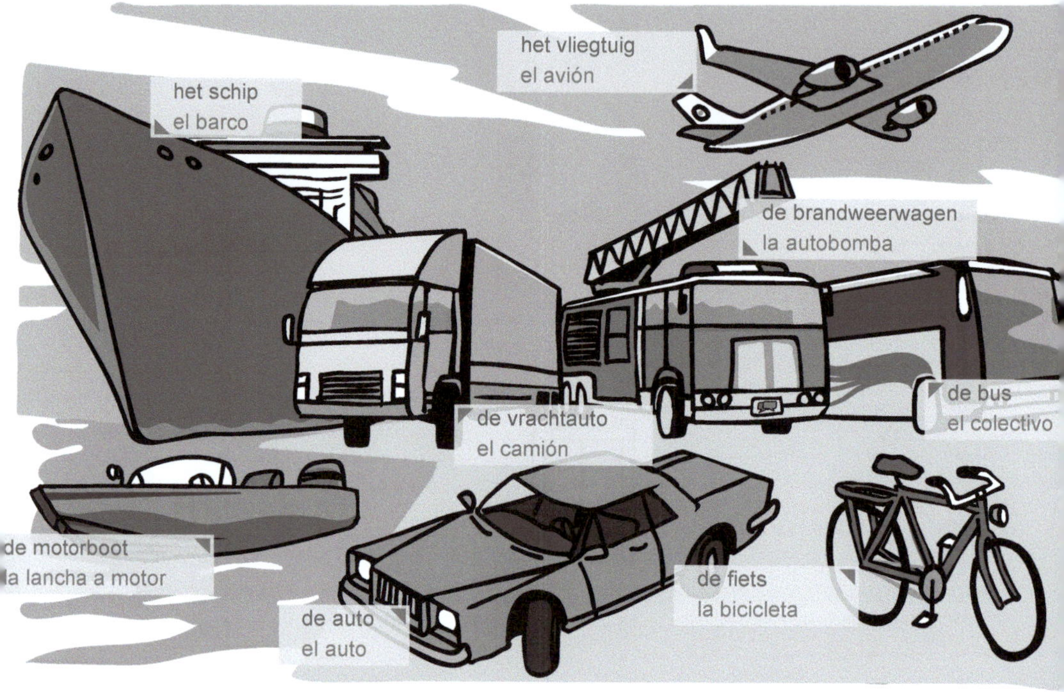
het vliegtuig
el avión
het schip
el barco
de brandweerwagen
la autobomba
de bus
el colectivo
de vrachtauto
el camión
de motorboot
la lancha a motor
de fiets
la bicicleta
de auto
el auto

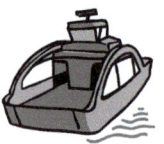

de veerboot

el ferry

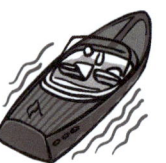

de boot

el bote

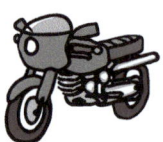

de motorfiets

la moto

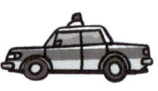

de politiewagen

el patrullero

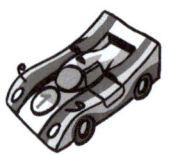

de raceauto

el auto de carreras

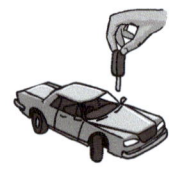

de huurauto

el auto de alquiler

de carsharing

el alquiler de autos

de takelwagen

la grúa

de vuilniswagen

el camión de la basura

de motor

el motor

de benzine

la nafta

de benzinepomp

la estación de servicio

het verkeersbord

la señal de tránsito

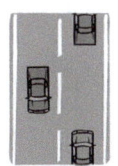

het verkeer

el tránsito

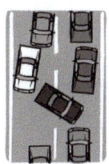

de file

el embotellamiento

de parkeerplaats

el estacionamiento

het station

la estación de tren

de rails

las vías

de trein

el tren

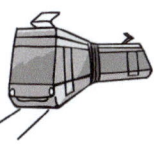

de tram

el tranvía

de wagon

el vagón

de helikopter

el helicóptero

de luchthaven

el aeropuerto

de toren

la torre

de passagier

el pasajero

de container

el contenedor

de verhuisdoos

la caja de cartón

de kar

la carretilla

de mand

la canasta

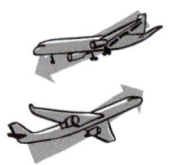

opstijgen / landen

despegar / aterrizar

de stad

la ciudad

het dorp

el pueblo

het stadscentrum

el centro de la ciudad

het huis

la casa

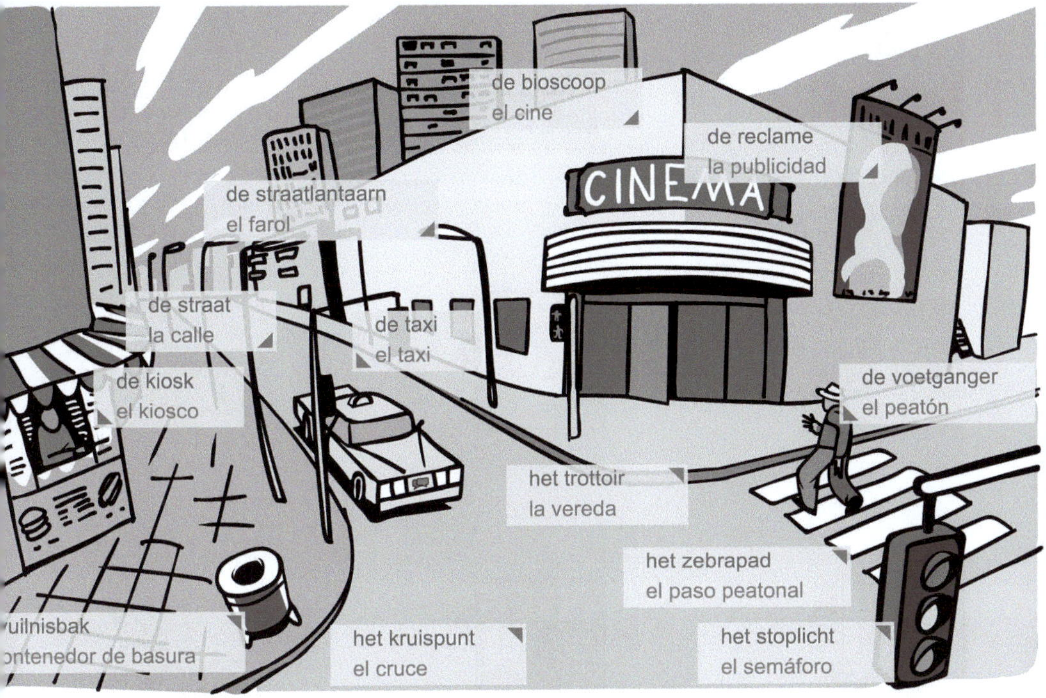

de bioscoop
el cine

de reclame
la publicidad

de straatlantaarn
el farol

de straat
la calle

de taxi
el taxi

de kiosk
el kiosco

de voetganger
el peatón

het trottoir
la vereda

het zebrapad
el paso peatonal

uilnisbak
ontenedor de basura

het kruispunt
el cruce

het stoplicht
el semáforo

de hut
....
la cabaña

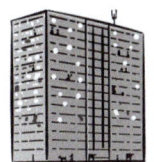

het appartement
....
el departamento

het station
....
la estación de tren

het stadhuis
....
la municipalidad

het museum
....
el museo

de school
....
el colegio

de stad - la ciudad

de universiteit

la universidad

de bank

el banco

het ziekenhuis

el hospital

het hotel

el hotel

de apotheek

la farmacia

het kantoor

la oficina

de boekenwinkel

la librería

de winkel

el negocio

de bloemenwinkel

la florería

de supermarkt

el supermercado

de markt

el mercado

het warenhuis

las grandes tiendas

de visboer

la pescadería

het winkelcentrum

el centro comercial

de haven

el puerto

het park

el parque

de bank

el banco

de brug

el puente

de trap

las escaleras

de metro

el subte

de tunnel

el túnel

de bushalte

la parada del colectivo

de bar

el bar

het restaurant

el restaurante

de brievenbus

el buzón

het straatnaambord

el letrero

de parkeermeter

el parquímetro

de dierentuin

el zoológico

het zwembad

la pileta

de moskee

la mezquita

de boerderij

la granja

de vervuiling

la contaminación

de begraafplaats

el cementerio

de kerk

la iglesia

de speelplaats

los juegos infantiles

de tempel

el templo

het landschap

el paisaje

het blad
la hoja

de wegwijzer
el poste indicador

de weg
el camino

de weide
la pradera

de steen
la piedra

de boom
el árbol

de wandelaar
el excursionista

de rivier
el río

het gras
la hierba

de bloem
la flor

de vallei

el valle

de berg

la montaña

het meer

el lago

het bos

el bosque

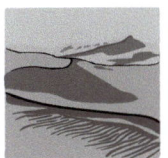

de woestijn

el desierto

de vulkaan

el volcán

het kasteel

el castillo

de regenboog

el arco iris

de paddenstoel

el champiñón

de palmboom

la palmera

de mug

el mosquito

de vlieg

la mosca

de mier

la hormiga

de bij

la abeja

de spin

la araña

de kever

el escarabajo

de kikker

la rana

de eekhoorn

la ardilla

de egel

el erizo

de haas

la liebre

de uil

la lechuza

de vogel

el pájaro

de zwaan

el cisne

het wild zwijn

el jabalí

het hert

el ciervo

de eland

el alce

de stuwdam

la presa

de windmolen

el aerogenerador

het zonnepaneel

el panel solar

het klimaat

el clima

het restaurant
el restaurante

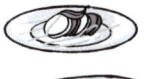

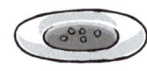

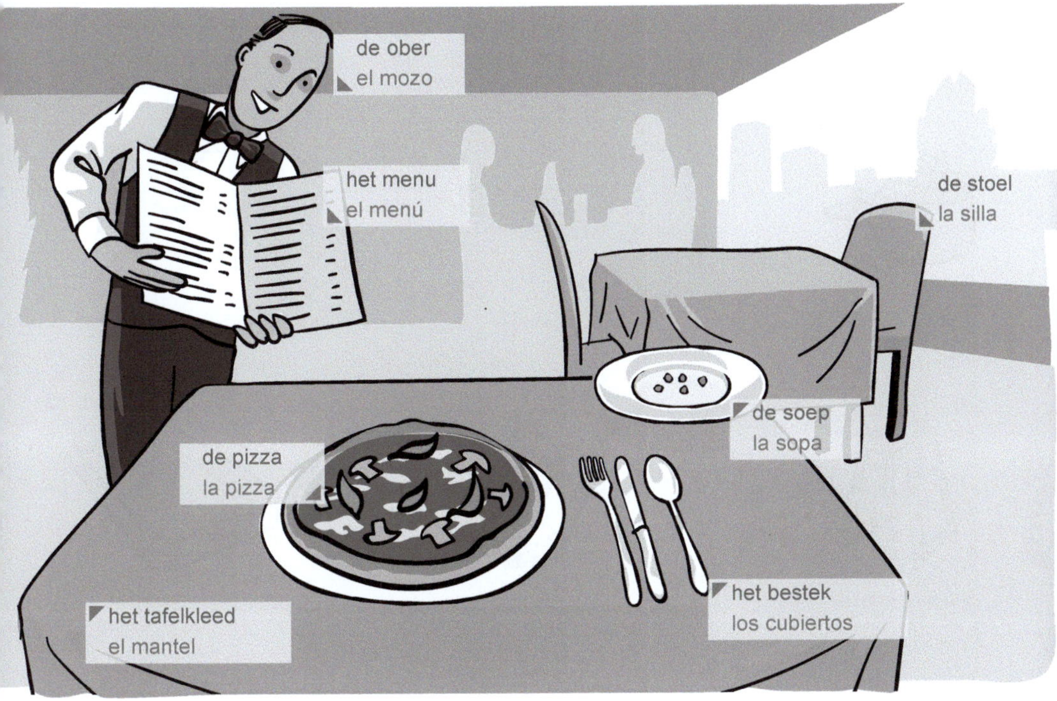

de ober
el mozo
het menu
el menú
de stoel
la silla
de soep
la sopa
de pizza
la pizza
het bestek
los cubiertos
het tafelkleed
el mantel

het voorgerecht

la entrada

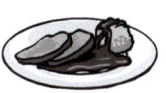

het hoofdgerecht

el plato principal

het toetje

el postre

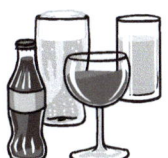

de dranken

las bebidas

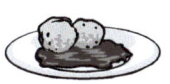

het eten

la comida

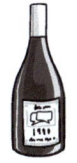

de fles

la botella

de/het fastfood

la comida rápida

het eetkraampje

la comida callejera

de theepot

la tetera

de suikerpot

la azucarera

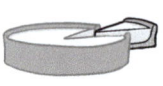

de portie

la porción

de espressomachine

la cafetera expreso

de kinderstoel

la sillita alta

de rekening

la cuenta

het dienblad

la bandeja

het mes

el cuchillo

de vork

el tenedor

de lepel

la cuchara

de theelepel

la cucharita

het servet

la servilleta

het glas

el vaso

het bord

el plato

het soepbord

el plato hondo

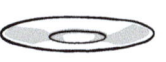

de schotel

el plato

de saus

la salsa

het zoutvaatje

el salero

de pepermolen

el molinillo de pimienta

de azijn

el vinagre

de olie

el aceite

de kruiden

las especias

de ketchup

el kétchup

de mosterd

la mostaza

de mayonaise

la mayonesa

de supermarkt
el supermercado

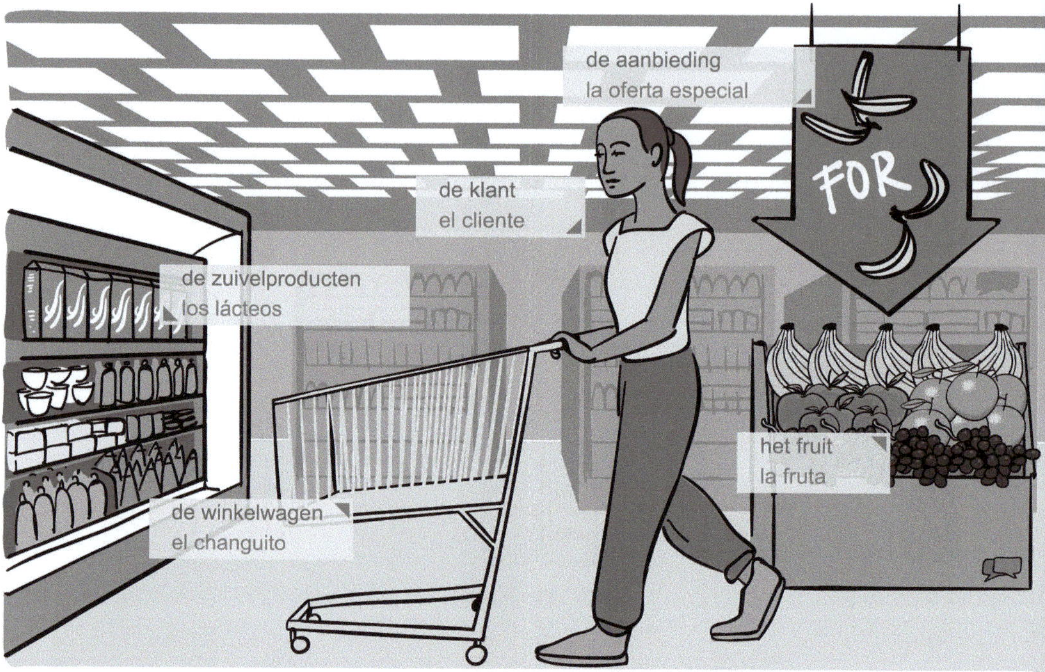

de aanbieding
la oferta especial
FOR
de klant
el cliente
de zuivelproducten
los lácteos
het fruit
la fruta
de winkelwagen
el changuito

BUTCHERS

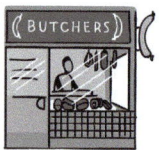

de slager

la carnicería

BAKERY

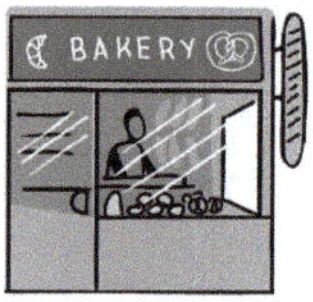

de bakkerij

la panadería

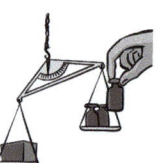

wegen

pesar

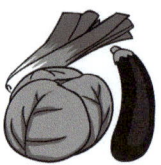

de groente

las verduras

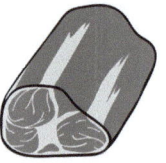

het vlees

la carne

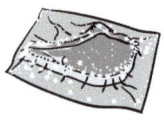

de diepvriesproducten

los alimentos congelados

de vleeswaren

los fiambres

de conserven

los alimentos enlatados

het wasmiddel

el detergente en polvo

het snoepgoed

las golosinas

de huishoudelijke artikelen

los electrodomésticos

het schoonmaakmiddel

los productos de limpieza

de verkoopster

la vendedora

de kassa

la caja

de kassier

el cajero

het boodschappenlijstje

la lista de compras

de openingstijden

el horario de atención

de portefeuille

la billetera

de creditkaart

la tarjeta de crédito

de tas

la cartera

de plastic zak

la bolsa de plástico

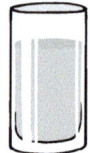

het water

el agua

het sap

el jugo

de melk

la leche

de cola

la bebida cola

de wijn

el vino

het bier

la cerveza

de alcohol

el alcohol

de chocolademelk

el cacao

de thee

el té

de koffie

el café

de espresso

el café expreso

de cappuccino

el cappuccino

de banaan

la banana

de appel

la manzana

de sinaasappel

la naranja

de watermeloen

el melón

de citroen

el limón

de wortel

la zanahoria

de knoflook

el ajo

de bamboe

el bambú

de ui

la cebolla

de paddenstoel

el champiñón

de noten

las nueces

de pasta

los fideos

de spaghetti

los tallarines

de rijst

el arroz

de salade

la ensalada

de friet

las papas fritas

de gebakken aardappelen

las papas fritas

de pizza

la pizza

de hamburger

la hamburguesa

de sandwich

el sándwich

de schnitzel

el churrasco

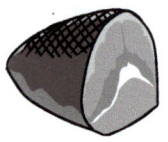

de ham

el jamón

de salami

el salame

de worst

la salchicha

de kip

el pollo

het gebraad

el asado

de vis

el pescado

de havermout

los copos de avena

de muesli

el muesli

de cornflakes

los copos de maíz

het meel

la harina

de croissant

la medialuna

de broodjes

el pancito

het brood

el pan

de toast

la tostada

de koekjes

las galletitas

de boter

la manteca

de kwark

la cuajada

de taart

la torta

het ei

el huevo

het gebakken ei

el huevo frito

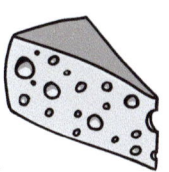

de kaas

el queso

het eten - la comida

het ijs

el helado

de suiker

el azúcar

de honing

la miel

de jam

la mermelada

de chocoladepasta

la pasta de chocolate

de kerrie

el curry

de boerderij
la granja

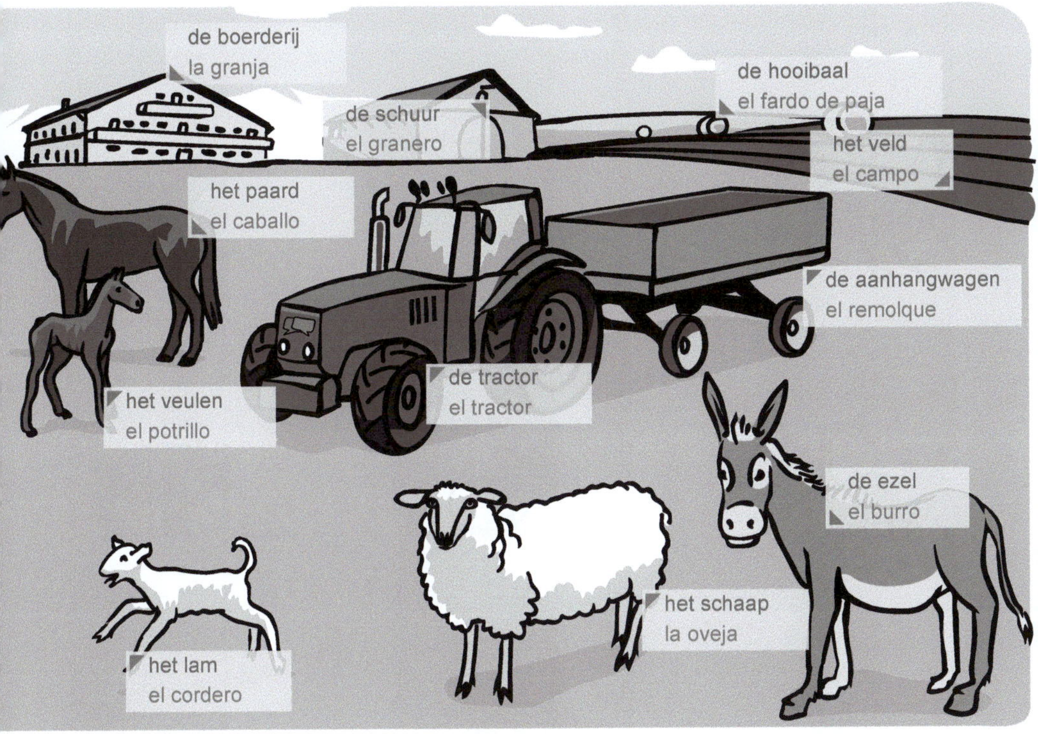
de boerderij
la granja
de schuur
el granero
de hooibaal
el fardo de paja
het veld
el campo
het paard
el caballo
de aanhangwagen
el remolque
de tractor
el tractor
het veulen
el potrillo
de ezel
el burro
het schaap
la oveja
het lam
el cordero

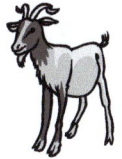

de geit

la cabra

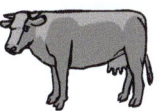

de koe

la vaca

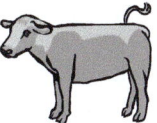

het kalf

el ternero

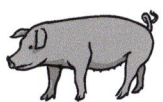

het varken

el cerdo

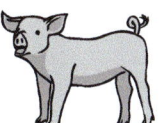

de big

el lechón

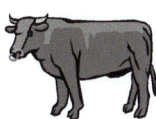

de stier

el toro

de gans

el ganso

de eend

el pato

het kuiken

el pollo

de kip

la gallina

de haan

el gallo

de rat

la rata

de kat

el gato

de muis

el ratón

de os

el buey

de hond

el perro

het hondenhok

la cucha

de tuinslang

la manguera

de gieter

la regadera

de zeis

la guadaña

de ploeg

el arado

de sikkel
la hoz

de schoffel
la azada

de hooivork
la horquilla

de bijl
el hacha

de kruiwagen
la carretilla

de trog
el abrevadero

de melkbus
la lechera

de zak
la bolsa

het hek
la reja

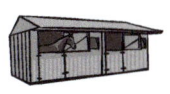

de stal
el establo

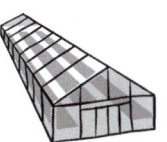

de broeikas
el invernadero

de grond
el suelo

het zaad
la semilla

de mest
el fertilizador

de maaidorser
la cosechadora

oogsten

cosechar

de oogst

la cosecha

de yam

las batatas

de tarwe

el trigo

de soja

la soja

de aardappel

la papa

de maïs

el maíz

het koolzaad

la semilla de colza

de fruitboom

el árbol frutal

de maniok

la mandioca

de granen

los cereales

het huis
la casa

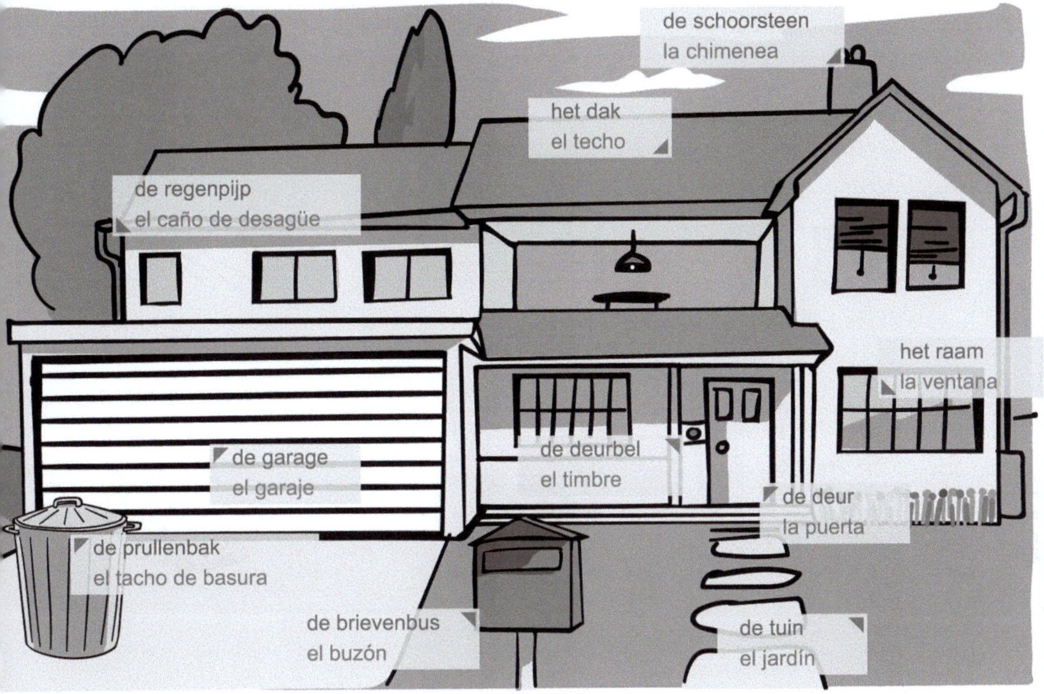
de schoorsteen
la chimenea
het dak
el techo
de regenpijp
el caño de desagüe
het raam
la ventana
de garage
el garaje
de deurbel
el timbre
de deur
la puerta
de prullenbak
el tacho de basura
de brievenbus
el buzón
de tuin
el jardín

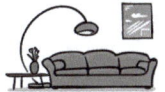

de woonkamer

el living

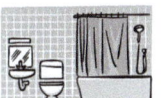

de badkamer

el baño

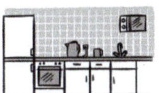

de keuken

la cocina

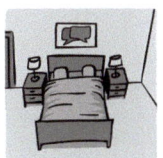

de slaapkamer

el dormitorio

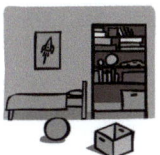

de kinderkamer

el cuarto de los chicos

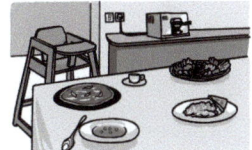

de eetkamer

el comedor

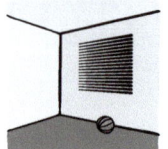

de vloer

el piso

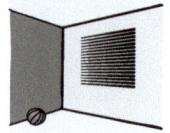

de muur

la pared

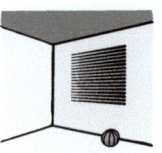

het plafond

el cielorraso

de kelder

el sótano

de sauna

el sauna

het balkon

el balcón

het terras

la terraza

het zwembad

la pileta

de grasmaaier

la cortadora de pasto

het laken

la sábana

de bedsprei

el acolchado

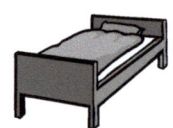

het bed

la cama

de bezem

la escoba

de emmer

el balde

de schakelaar

el interruptor

de woonkamer
el living

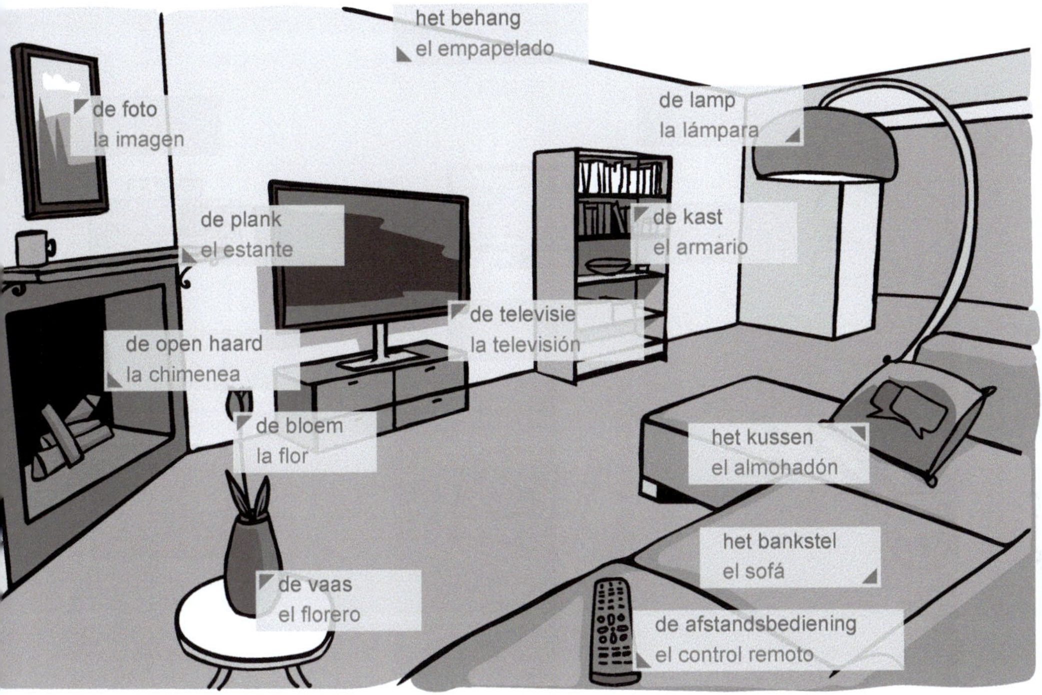
het behang
el empapelado
de foto
la imagen
de lamp
la lámpara
de plank
el estante
de kast
el armario
de televisie
la televisión
de open haard
la chimenea
de bloem
la flor
het kussen
el almohadón
het bankstel
el sofá
de vaas
el florero
de afstandsbediening
el control remoto

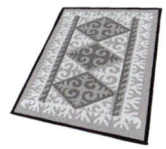

het tapijt

la alfombra

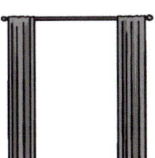

het gordijn

la cortina

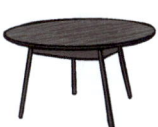

de tafel

la mesa

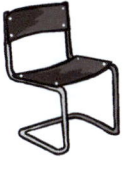

de stoel

la silla

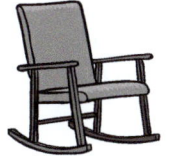

de schommelstoel

la mecedora

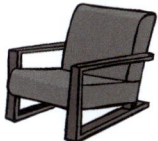

de stoel

el sillón

het boek
el libro

de deken
la frazada

de decoratie
la decoración

het brandhout
la leña

de film
la película

de stereo-installatie
el equipo de música

de sleutel
la llave

de krant
el diario

het schilderij
la pintura

de poster
el póster

de radio
la radio

het kladblok
el cuaderno

de stofzuiger
la aspiradora

de cactus
el cactus

de kaars
la vela

de keuken
la cocina

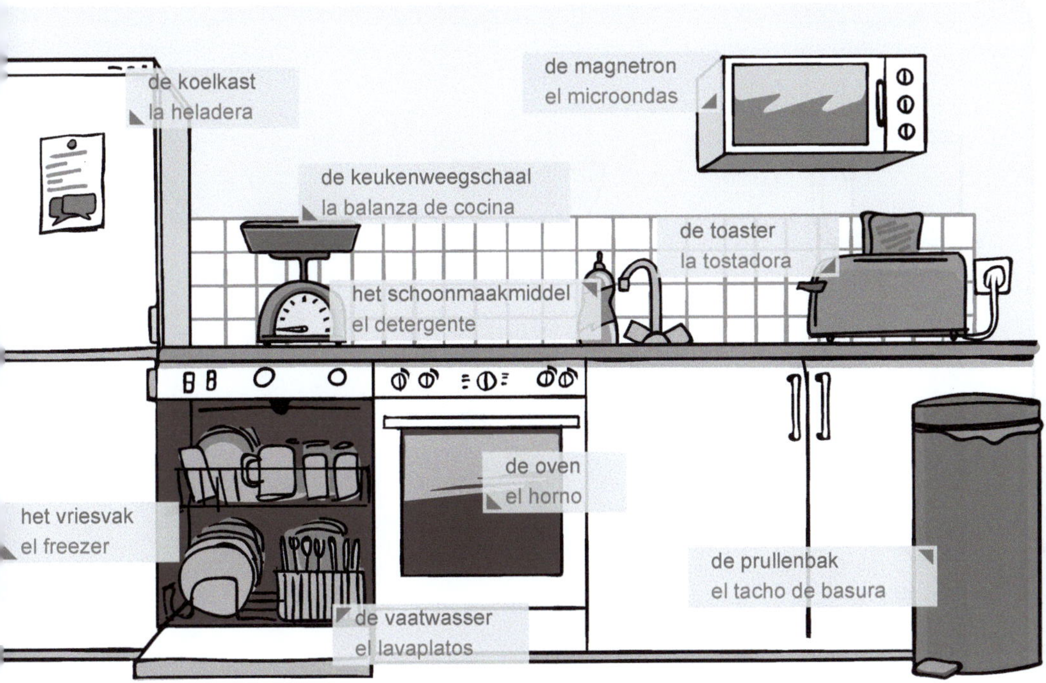
de koelkast
la heladera
de magnetron
el microondas
de keukenweegschaal
la balanza de cocina
de toaster
la tostadora
het schoonmaakmiddel
el detergente
de oven
el horno
het vriesvak
el freezer
de prullenbak
el tacho de basura
de vaatwasser
el lavaplatos

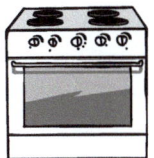

het fornuis

la cocina

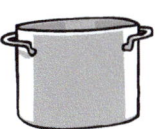

de pan

la olla

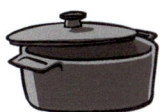

de gietijzeren pan

la olla de hierro fundido

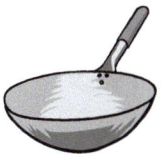

de wok / kadai

el wok

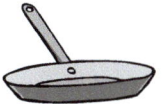

de koekenpan

la sartén

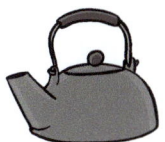

de ketel

la pava

de stoomkoker

la vaporera

de bakplaat

la bandeja de horno

het servies

la vajilla

de beker

la taza

de kom

el bol

de eetstokjes

los palitos

de soeplepel

el cucharón

de spatel

la espátula

de garde

la batidora

het vergiet

el colador

de zeef

el colador

de rasp

el rallador

de vijzel

el mortero

de barbecue

la parrilla

de vuurhaard

la fogata

de snijplank

la tabla de picar

de deegroller

el palo de amasar

de kurkentrekker

el sacacorchos

het blik

la lata

de blikopener

el abrelatas

de pannenlap

la manopla

de wasbak

la pileta

de borstel

el cepillo

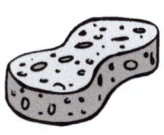

de spons

la esponja

de blender

la batidora

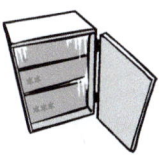

de vriezer

el congelador

het babyflesje

la mamadera

de kraan

la canilla

de badkamer
el baño

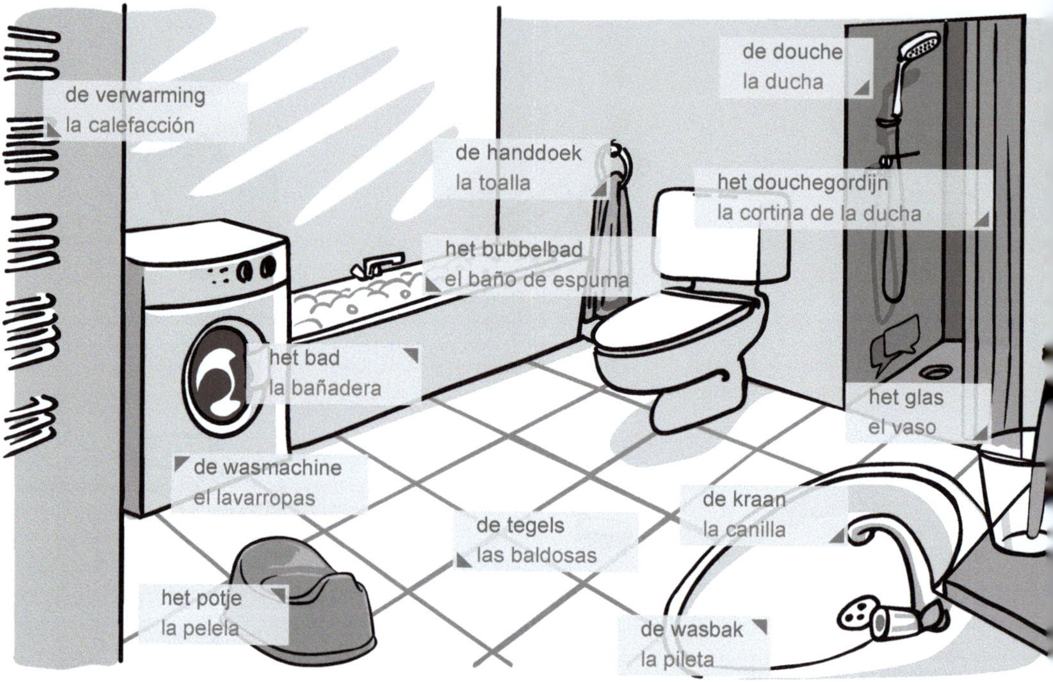
de verwarming
la calefacción
de handdoek
la toalla
de douche
la ducha
het douchegordijn
la cortina de la ducha
het bubbelbad
el baño de espuma
het bad
la bañadera
het glas
el vaso
de wasmachine
el lavarropas
de kraan
la canilla
de tegels
las baldosas
het potje
la pelela
de wasbak
la pileta

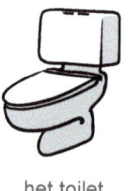

het toilet
el inodoro

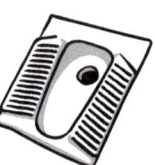

het hurktoilet
la letrina

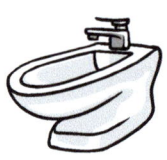

de/het bidet
el bidé

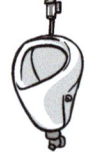

het urinoir
el mingitorio

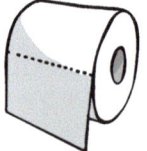

het toiletpapier
el papel higiénico

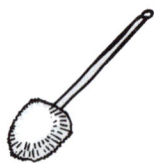

de toiletborstel
el cepillo para el inodoro

de tandenborstel

el cepillo de dientes

de tandpasta

el dentífrico

het flosdraad

el hilo dental

wassen

lavar

de handdouche

la ducha de mano

de toiletdouche

la ducha higiénica

de waskom

la palangana

de rugborstel

el cepillo para la espalda

de zeep

el jabón

de douchegel

el gel de ducha

de shampoo

el shampoo

het washandje

la toallita

de afvoer

el desagüe

de creme

la crema

de deodorant

el desodorante

de spiegel

el espejo

de make-upspiegel

el espejito

het scheermes

la maquinita de afeitar

het scheerschuim

la espuma de afeitar

de aftershave

el aftershave

de kam

el peine

de borstel

el cepillo

de haardroger

el secador de pelo

de haarspray

el spray

de make-up

el maquillaje

de lippenstift

el lápiz de labios

de nagellak

el esmalte para uñas

de watten

el algodón

het nagelschaartje

la tijera para uñas

de/het parfum

el perfume

de badkamer - el baño

de toilettas

el portacosméticos

de kruk

la banqueta

de weegschaal

la balanza

de badjas

la bata

de rubber handschoenen

los guantes de goma

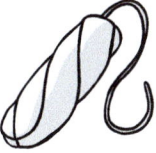

de tampon

el tampón

het maandverband

la toallita femenina

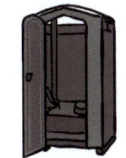

het chemisch toilet

el baño químico

de kinderkamer
el cuarto de los chicos

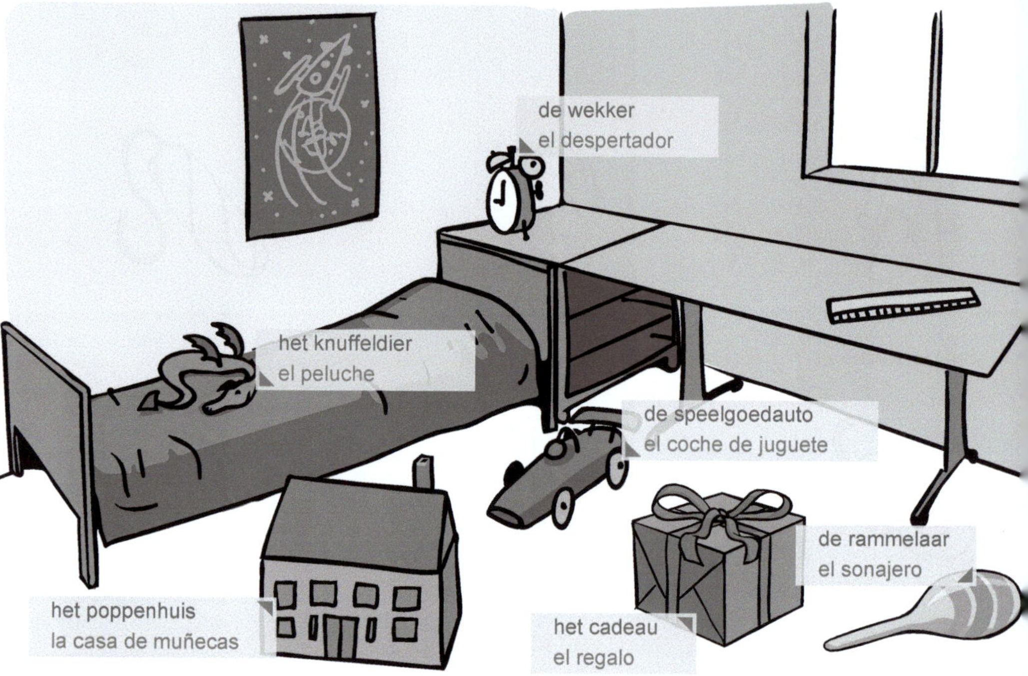
de wekker
el despertador
het knuffeldier
el peluche
de speelgoedauto
el coche de juguete
de rammelaar
el sonajero
het poppenhuis
la casa de muñecas
het cadeau
el regalo

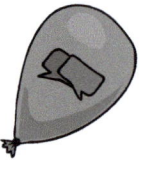

de ballon
el globo

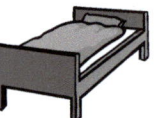

het bed
la cama

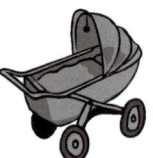

de kinderwagen
el cochecito

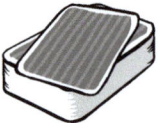

het kaartspel
las cartas

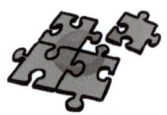

de puzzel
el rompecabezas

SUPER MEGA

het stripverhaal
la historieta

de legostenen

las piezas de lego

de speelgoedblokken

los ladrillos de juguete

het actiefiguurtje

la figura de acción

de romper

el enterito (de bebé)

de frisbee

el frisbee

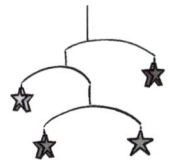

de/het mobile

el móvil para bebés

het bordspel

el juego de mesa

de dobbelsteen

los dados

de modeltrein

el tren eléctrico

de speen

el chupete

het feestje

la fiesta

het prentenboek

el libro de cuentos ilustrado

de bal

la pelota

de pop

la muñeca

spelen

jugar

de zandbak

el arenero

de schommel

la hamaca

het speelgoed

los juguetes

de spelcomputer

la consola de videojuegos

de driewieler

el triciclo

de teddybeer

el osito de peluche

de kleerkast

el armario

de kleding

la ropa

de sokken

las medias

de kousen

las medias panty

de panty

las calzas

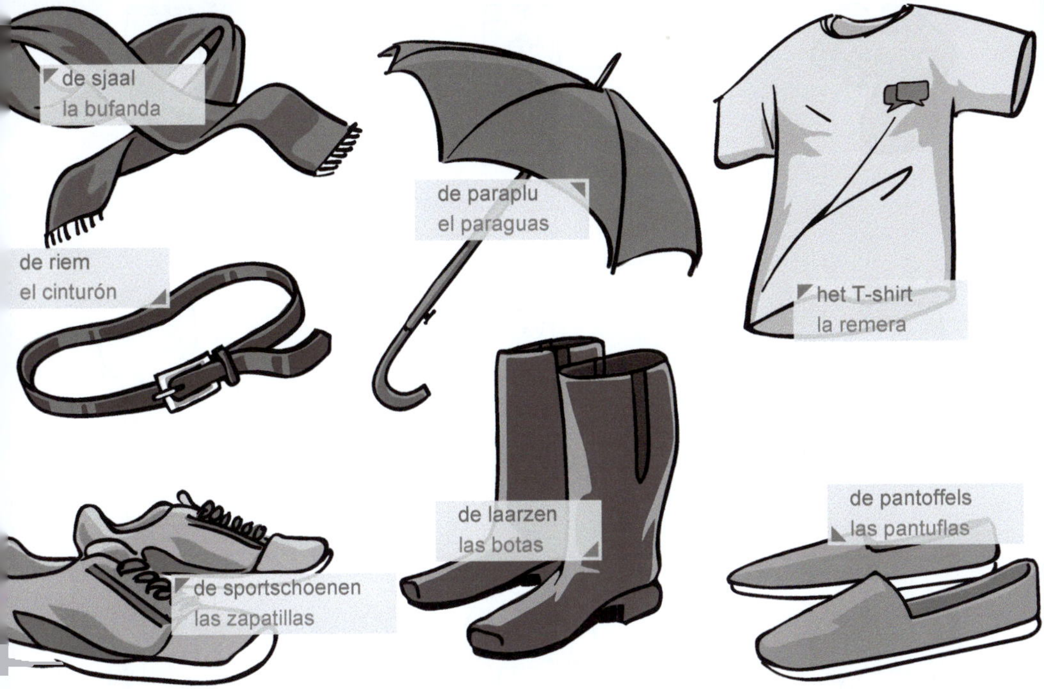

de sjaal
la bufanda

de paraplu
el paraguas

het T-shirt
la remera

de riem
el cinturón

de sportschoenen
las zapatillas

de laarzen
las botas

de pantoffels
las pantuflas

de sandalen
las sandalias

de schoenen
los zapatos

de rubberlaarzen
las botas de goma

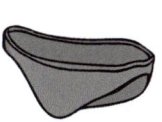

de onderbroek
la ropa interior

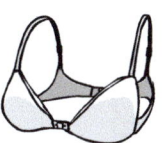

de beha
el corpiño

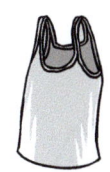

het onderhemd
el chaleco

de kleding - la ropa

de body

el body

de broek

los pantalones

de spijkerbroek

los jeans

de rok

la pollera

de blouse

la blusa

het overhemd

la camisa

de trui

el pulóver

de hoody

el buzo

de blazer

el blazer

de jas

la campera

de mantel

el tapado

de regenjas

el piloto

het kostuum

el traje

de jurk

el vestido

de trouwjurk

el vestido de novia

het pak

el traje

het nachthemd

el camisón

de pyjama

el pijama

de sari

el sari

de hoofddoek

el pañuelo para la cabeza

de tulband

el turbante

de boerka

la burka

de kaftan

el caftán

de abaja

la abaya

het zwempak

el traje de baño

de zwembroek

el short de baño

de korte broek

los shorts

het trainingspak

el jogging

de/het schort

el delantal

de handschoenen

los guantes

de knoop

el botón

de bril

los anteojos

de armband

la pulsera

de ketting

el collar

de ring

el anillo

de oorbel

el aro

de pet

la gorra

de kledinghanger

la percha

de hoed

el sombrero

de stropdas

la corbata

de rits

el cierre

de helm

el casco

de bretels

los tiradores

het schooluniform

el uniforme escolar

het uniform

el uniforme

het slabbetje

el babero

de speen

el chupete

de luier

el pañal

het kantoor
la oficina

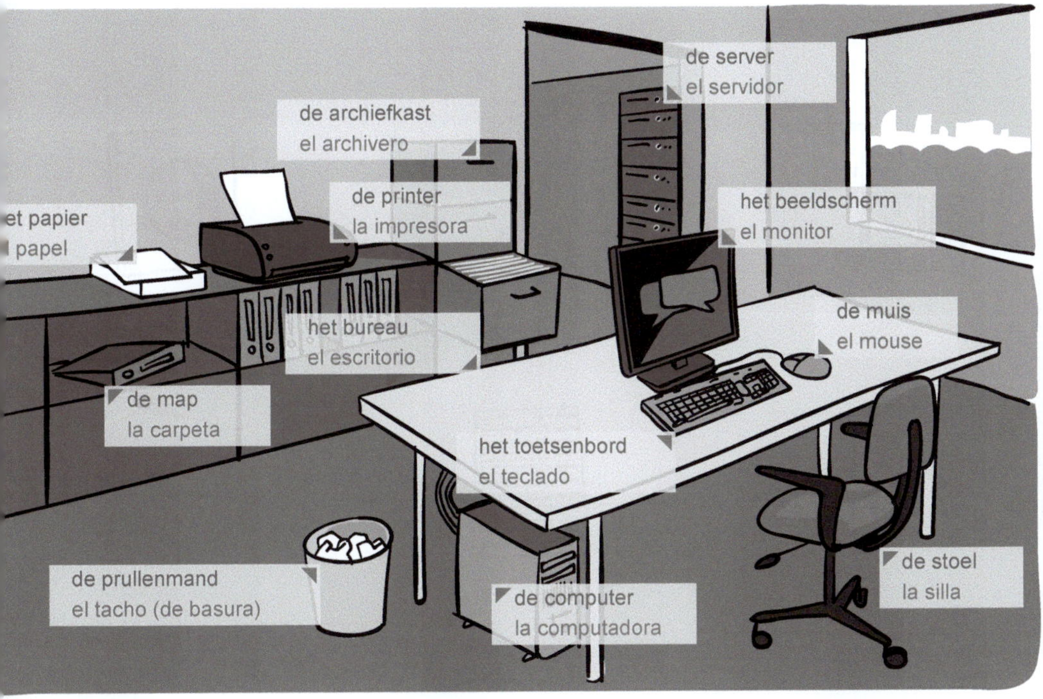

de server
el servidor

de archiefkast
el archivero

de printer
la impresora

het papier
el papel

het beeldscherm
el monitor

de muis
el mouse

het bureau
el escritorio

de map
la carpeta

het toetsenbord
el teclado

de prullenmand
el tacho (de basura)

de computer
la computadora

de stoel
la silla

de koffiemok

la taza de café

de rekenmachine

la calculadora

het internet

el internet

de laptop

la laptop

de brief

la carta

het bericht

el mensaje

de mobiele telefoon

el celular

het netwerk

la red

de kopieermachine

la fotocopiadora

de software

el software

de telefoon

el teléfono

het stopcontact

el tomacorriente

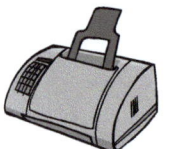

de fax

el fax

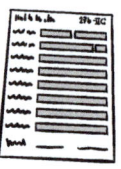

het formulier

el formulario

het document

el documento

kopen

comprar

betalen

pagar

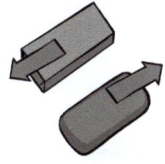

handel drijven

hacer negocios

het geld

el dinero

USD

de dollar

el dólar

EUR

de euro

el euro

JPY

de yen

el yen

RUB

de roebel

el rublo

CHF

de Zwitserse frank

el franco suizo

CNY

de renminbi yuan

el yuan

INR

de roepie

la rupia

de geldautomaat

el cajero automático

het wisselkantoor

la casa de cambio

het goud

el oro

het zilver

la plata

de olie

el petróleo

de energie

la energía

de prijs

el precio

het contract

el contrato

de belasting

el impuesto

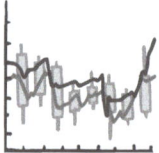

het aandeel

la acción

werken

trabajar

de werknemer

el empleado

de werkgever

el empleador

de fabriek

la fábrica

de winkel

el negocio

de beroepen
las ocupaciones

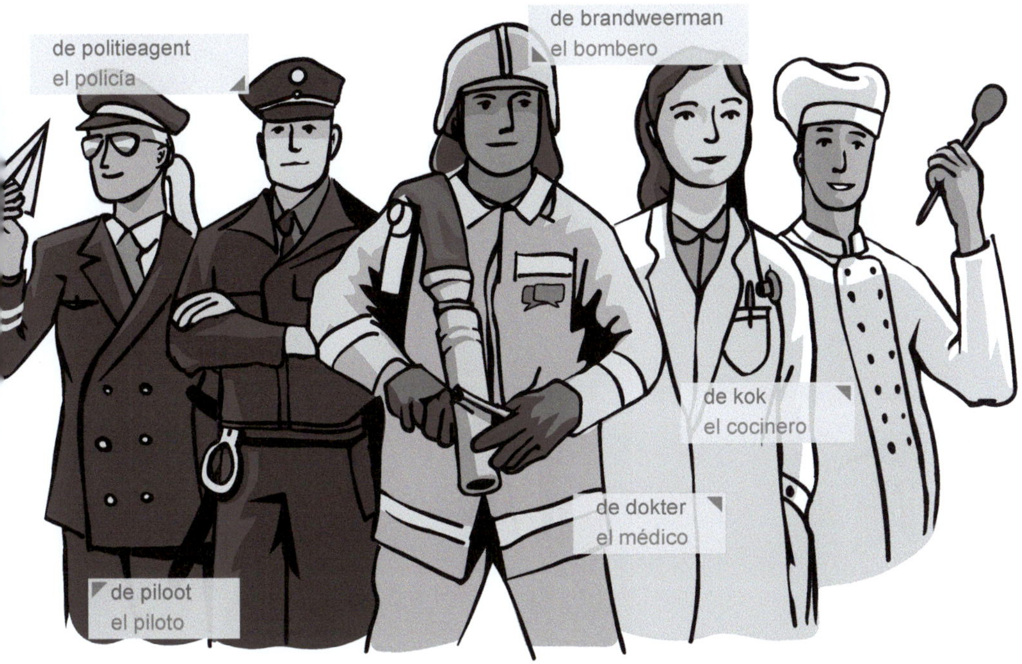

de politieagent
el policía
de brandweerman
el bombero
de kok
el cocinero
de dokter
el médico
de piloot
el piloto

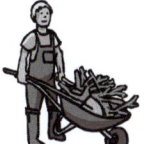

de tuinman

el jardinero

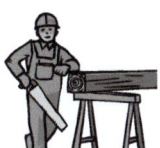

de timmerman

el carpintero

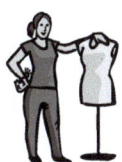

de naaister

la modista

de rechter

el juez

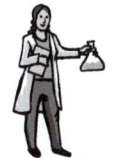

de scheikundige

el farmacéutico

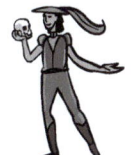

de toneelspeler

el actor

de buschauffeur

el colectivero

de taxichauffeur

el taxista

de visser

el pescador

de schoonmaakster

la mucama

de dakdekker

el techista

de ober

el mozo

de jager

el cazador

de schilder

el pintor

de bakker

el panadero

de elektricien

el electricista

de bouwvakker

el albañil

de ingenieur

el ingeniero

de slager

el carnicero

de loodgieter

el plomero

de postbode

el cartero

de soldaat

el soldado

de architect

el arquitecto

de kassier

el cajero

de bloemist

el florista

de kapper

el peluquero

de conducteur

el cobrador

de monteur

el mecánico

de kapitein

el capitán

de tandarts

el dentista

de wetenschapper

el científico

de rabbi

el rabino

de imam

el imán

de monnik

el monje

de pastoor

el sacerdote

het gereedschap
las herramientas

de hamer
el martillo
de tang
la tenaza
de schroevendraaier
el destornillador
de moersleutel
la llave
de zaklamp
la linterna

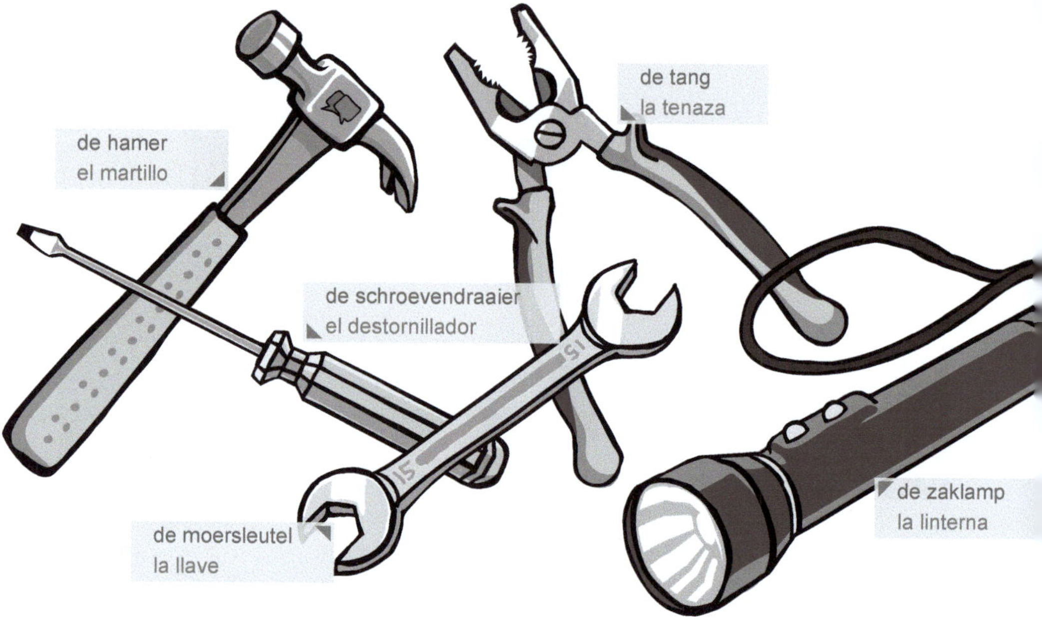

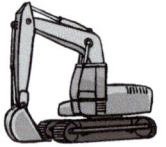

de graafmachine

la excavadora

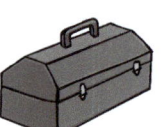

de gereedschapskist

la caja de herramientas

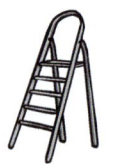

de ladder

la escalera portátil

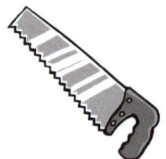

de zaag

la sierra

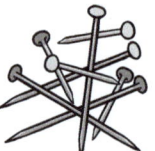

de spijkers

los clavos

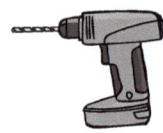

de boor

el taladro

repareren

arreglar

de schep

la pala de jardín

Verdorie!

¡Qué bronca!

het stofblik

la pala de plástico

de verfpot

el tacho de pintura

de schroeven

los tornillos

de muziekinstrumenten
los instrumentos musicales

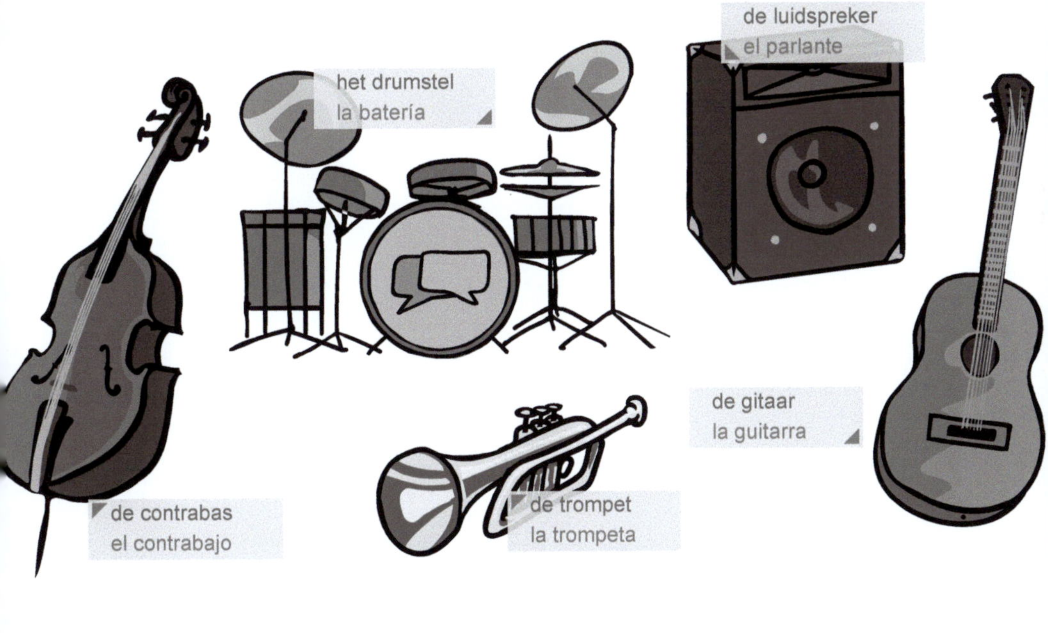

het drumstel
la batería

de luidspreker
el parlante

de gitaar
la guitarra

de contrabas
el contrabajo

de trompet
la trompeta

de piano

el piano

de viool

el violín

de bas

el bajo

de pauk

los timbales

de trommel

el tambor

het keyboard

el teclado

de saxofoon

el saxofón

de fluit

la flauta

de microfoon

el micrófono

de dierentuin
el zoológico

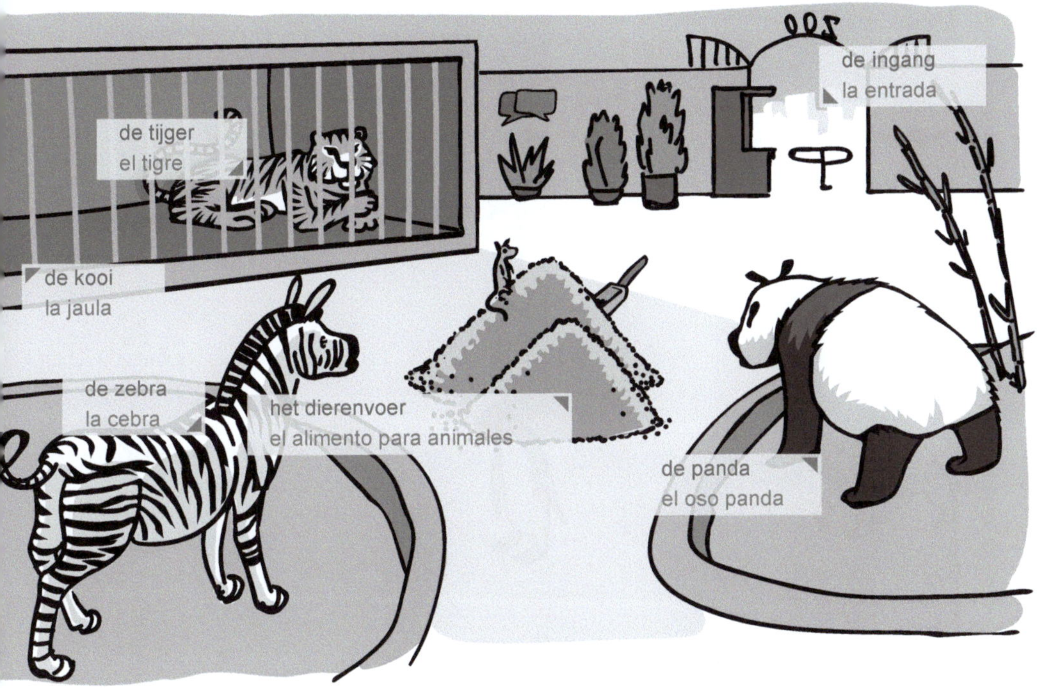

zoo
de ingang
la entrada
de tijger
el tigre
de kooi
la jaula
de zebra
la cebra
het dierenvoer
el alimento para animales
de panda
el oso panda

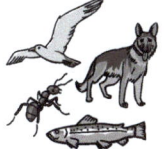

de dieren
....
los animales

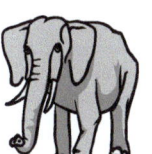

de olifant
....
el elefante

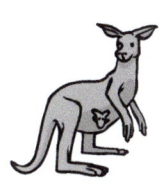

de kangoeroe
....
el canguro

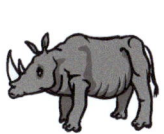

de neushoorn
....
el rinoceronte

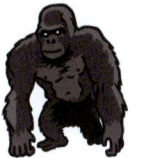

de gorilla
....
el gorila

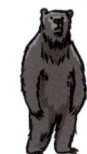

de beer
....
el oso

de kameel
....
el camello

de struisvogel
....
el avestruz

de leeuw
....
el león

de aap
....
el mono

de flamingo
....
el flamenco

de papegaai
....
el loro

de ijsbeer
....
el oso polar

de pinguïn
....
el pingüino

de haai
....
el tiburón

de pauw
....
el pavo real

de slang
....
la serpiente

de krokodil
....
el cocodrilo

de dierenverzorger
....
el cuidador del zoológico

de zeehond
....
la foca

de jaguar
....
el jaguar

de dierentuin - el zoológico

de pony
el poni

de/het luipaard
el leopardo

het nijlpaard
el hipopótamo

de giraffe
la jirafa

de adelaar
el águila

het wild zwijn
el jabalí

de vis
el pescado

de schildpad
la tortuga

de walrus
la morsa

de vos
el zorro

de gazelle
la gacela

American football
el fútbol americano

wielrennen
el ciclismo

tennis
el tenis

basketbal
el básquet

zwemmen
la natación

boksen
el boxeo

ijshockey
el hockey sobre hielo

voetbal
el fútbol

badminton
el bádminton

atletiek
el atletismo

handbal
el handball

skiën
el esquí

polo
el polo

de activiteiten
las actividades

lachen
reír
springen
saltar
knuffelen
abrazar
lopen
caminar
zingen
cantar
dromen
soñar
bidden
rezar
kussen
besar

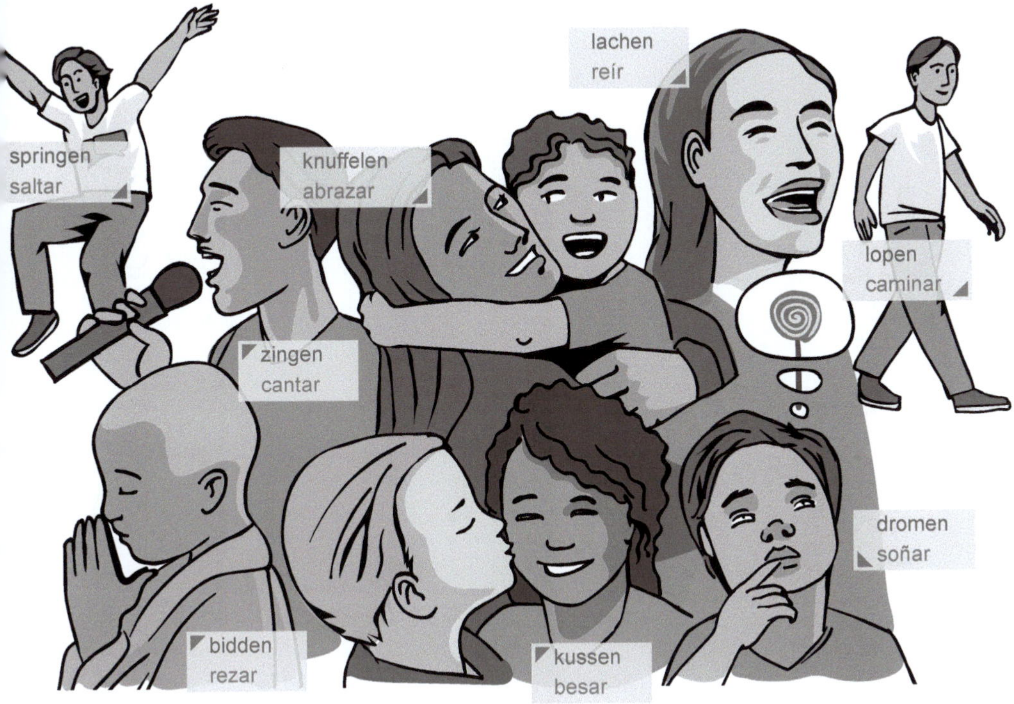

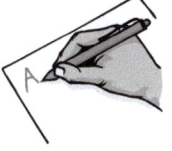

schrijven
escribir

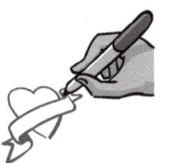

tekenen
dibujar

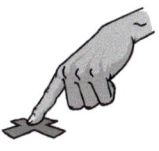

tonen
mostrar

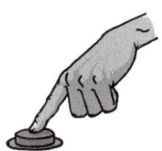

duwen
presionar

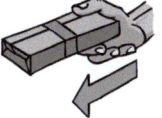

geven
dar

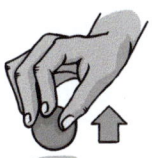

oppakken
tomar

hebben

tener

doen

hacer

zijn

ser

staan

estar parado

rennen

correr

trekken

tirar

gooien

tirar

vallen

caer

liggen

estar acostado

wachten

esperar

dragen

llevar

zitten

estar sentado

aankleden

vestirse

slapen

dormir

wakker worden

despertar

bekijken
....
mirar

huilen
....
llorar

strelen
....
acariciar

kammen
....
peinar

praten
....
hablar

begrijpen
....
entender

vragen
....
preguntar

horen
....
escuchar

drinken
....
beber

eten
....
comer

opruimen
....
ordenar

houden van
....
amar

koken
....
cocinar

rijden
....
manejar

vliegen
....
volar

zeilen

navegar

rekenen

calcular

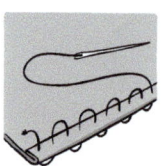

lezen

leer

leren

aprender

werken

trabajar

trouwen

casarse

naaien

coser

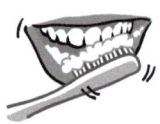

tandenpoetsen

cepillarse los dientes

doden

matar

roken

fumar

verzenden

enviar

de familie

la familia

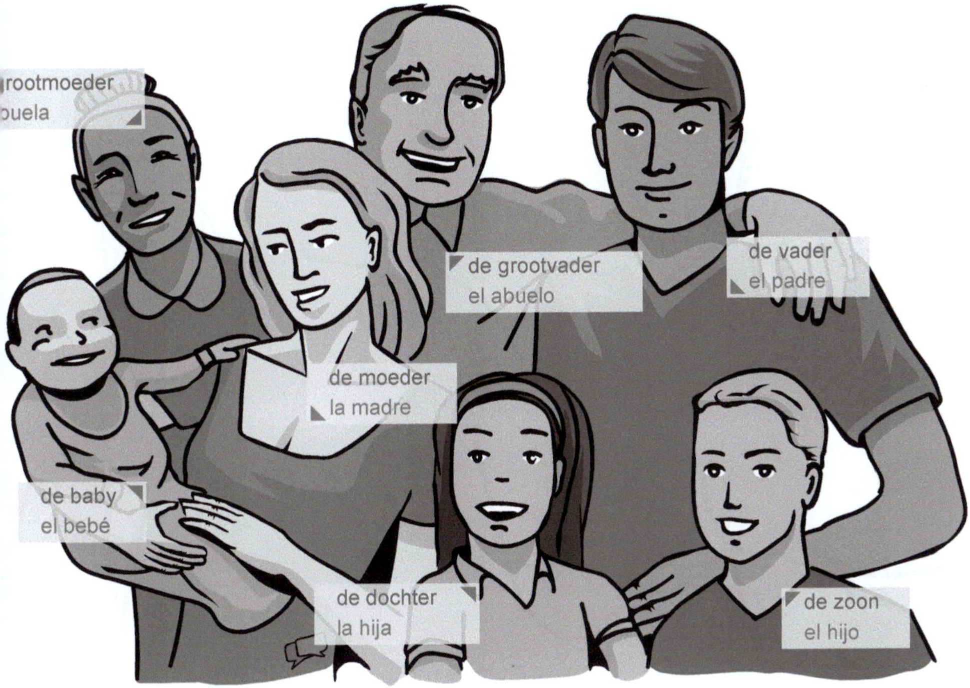

rootmoeder
uela
de grootvader
el abuelo
de vader
el padre
de moeder
la madre
de baby
el bebé
de dochter
la hija
de zoon
el hijo

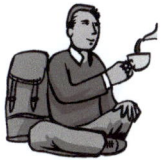

de gast

el invitado

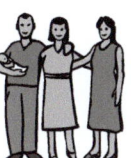

de tante

la tía

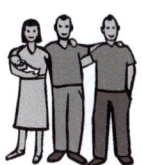

de oom

el tío

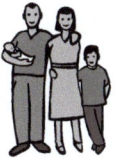

de broer

el hermano

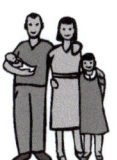

de zus

la hermana

het lichaam

el cuerpo

het voorhoofd
la frente
het oog
el ojo
de schouder
el hombro
de vinger
el dedo
het gezicht
la cara
de kin
la pera
de hand
la mano
het been
la pierna
de borst
el pecho
de arm
el brazo

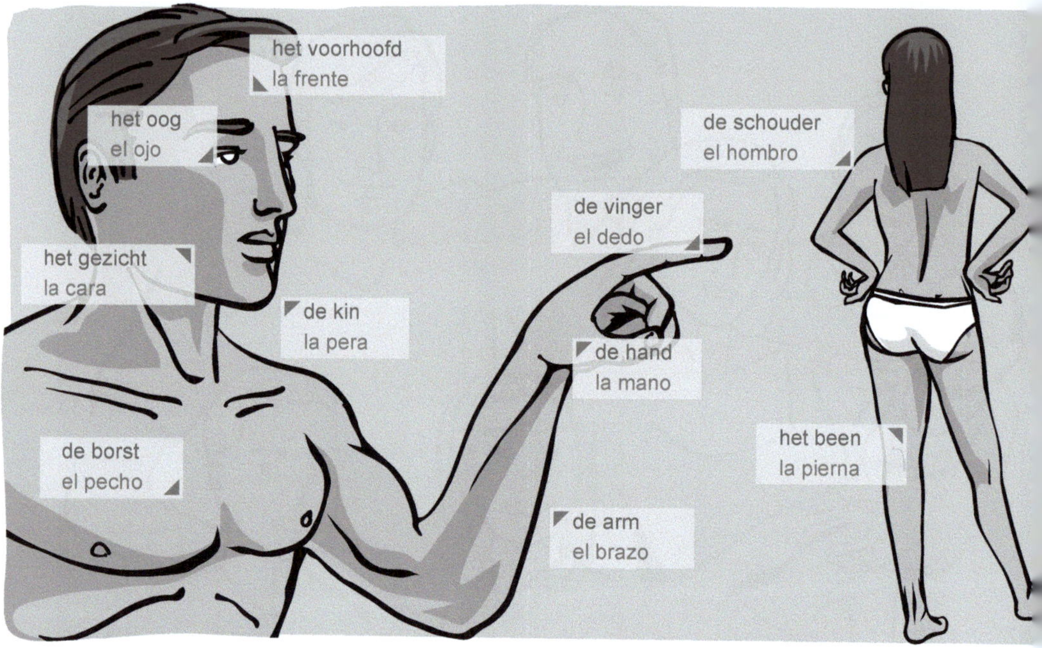

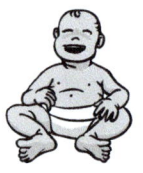

de baby

el bebé

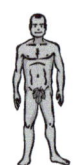

de man

el hombre

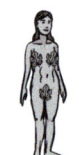

de vrouw

la mujer

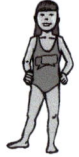

het meisje

la nena

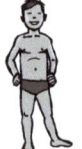

de jongen

el nene

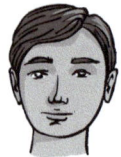

het hoofd

la cabeza

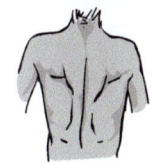

de rug

la espalda

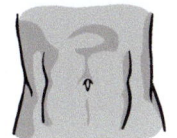

de buik

la panza

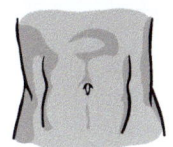

de navel

el ombligo

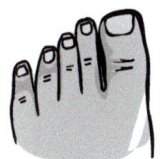

de teen

el dedo del pie

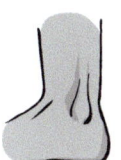

de hiel

el talón

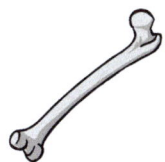

het bot

el hueso

de heup

la cadera

de knie

la rodilla

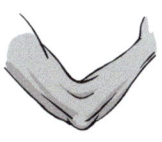

de elleboog

el codo

de neus

la nariz

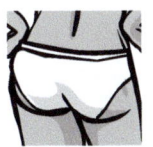

het achterwerk

la cola

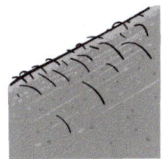

de huid

la piel

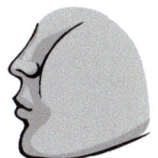

de wang

el cachete

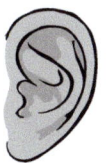

het oor

la oreja

de lippen

el labio

de mond

la boca

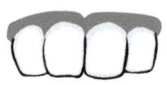

de tand

el diente

de tong

la lengua

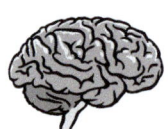

de hersenen

el cerebro

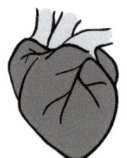

het hart

el corazón

de spier

el músculo

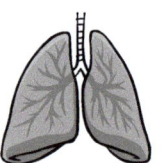

de long

el pulmón

de lever

el hígado

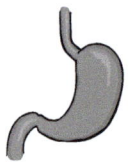

de maag

el estómago

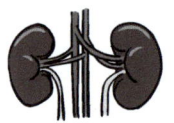

de nieren

los riñones

de geslachtsgemeenschap

el sexo

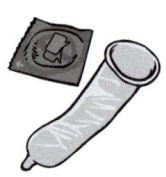

het condoom

el preservativo

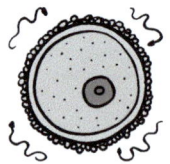

de eicel

el óvulo

het sperma

el semen

de zwangerschap

el embarazo

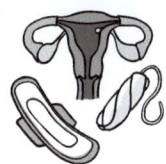

de menstruatie

la menstruación

de vagina

la vagina

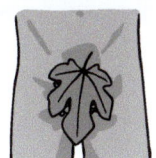

de penis

el pene

de wenkbrauw

la ceja

het haar

el pelo

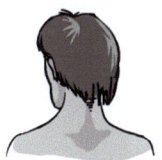

de hals

el cuello

het ziekenhuis
el hospital

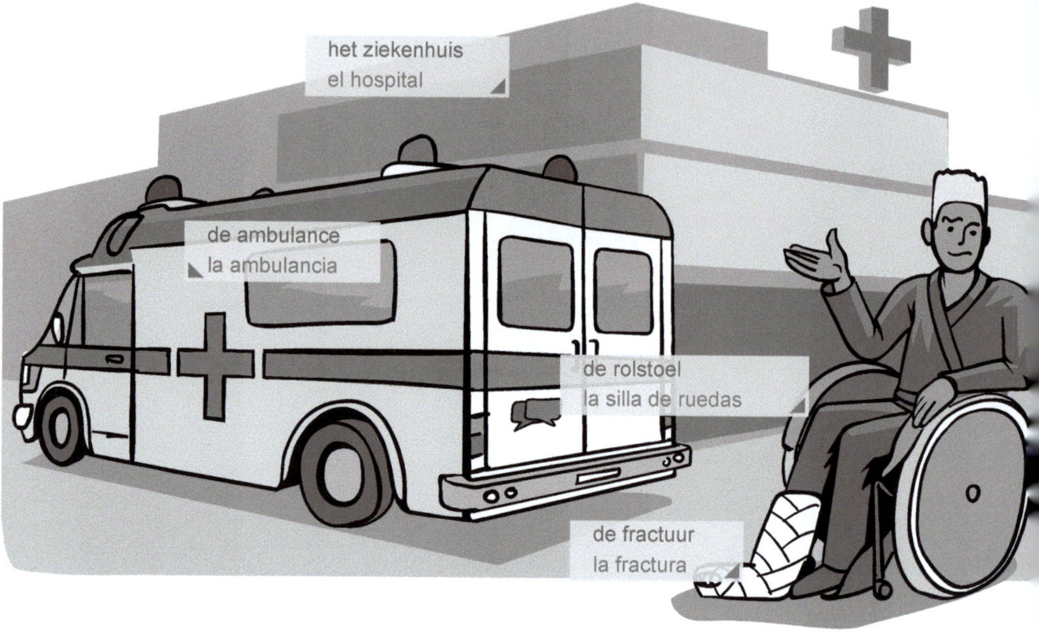

het ziekenhuis
el hospital
de ambulance
la ambulancia
de rolstoel
la silla de ruedas
de fractuur
la fractura

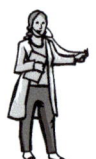

de dokter

el médico

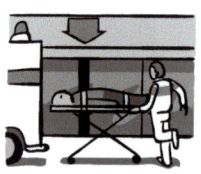

de EHBO

la sala de guardia

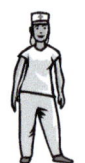

de verpleegster

la enfermera

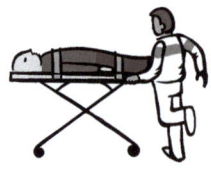

het noodgeval

la emergencia

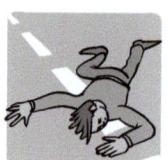

bewusteloos

inconsciente

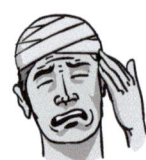

de pijn

el dolor

de verwonding

la lesión

de bloeding

la hemorragia

de hartaanval

el infarto

de beroerte

el ACV

de allergie

la alergia

de hoest

la tos

de koorts

la fiebre

de griep

la gripe

de diarree

la diarrea

de hoofdpijn

el dolor de cabeza

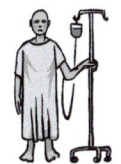

de kanker

el cáncer

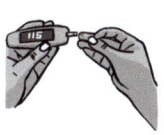

de diabetes

la diabetes

de chirurg

el cirujano

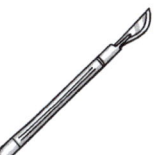

het scalpel

el bisturí

de operatie

la operación

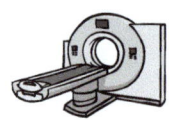

de CT

la TC

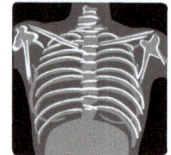

de röntgen

los rayos x

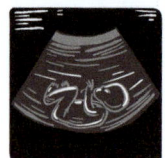

de echografie

la ecografía

het gezichtsmasker

el barbijo

de ziekte

la enfermedad

de wachtkamer

la sala de espera

de kruk

la muleta

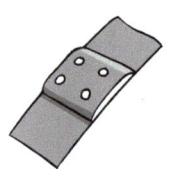

de pleister

la curita

het verband

la venda

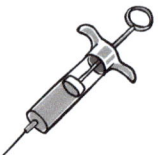

de injectie

la inyección

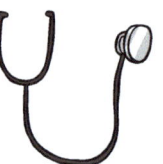

de stethoscoop

el estetoscopio

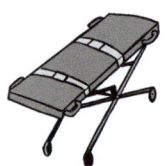

de brancard

la camilla

de thermometer

el termómetro

de geboorte

el nacimiento

het overgewicht

el sobrepeso

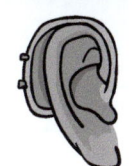

het gehoorapparaat

el audífono

het ontsmettingsmiddel

el desinfectante

de infectie

la infección

het virus

el virus

(de) HIV / AIDS

el VIH / SIDA

het medicijn

el remedio

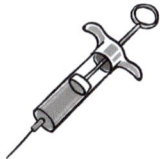

de inenting

la vacunación

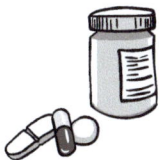

de tabletten

los comprimidos

de pil

la pastilla anticonceptiva

het alarmnummer

a llamada de emergencia

de bloeddrukmeter

el tensiómetro

ziek / gezond

enfermo / sano

het alarm

la alarma

de overval

la agresión

Help!

¡Ayuda!

de aanval

el ataque

het gevaar

el peligro

de nooduitgang

la salida de emergencia

de brandblusser

el matafuego

het ongeluk

el accidente

Brand!

¡Fuego!

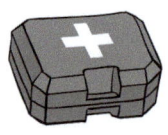

de EHBO-koffer

el botiquín de primeros
auxilios

SOS

el SOS

de politie

la policía

Europa

Europa

Noord-Amerika

América del Norte

Zuid-Amerika

América del Sur

Afrika

África

Azië

Asia

Australië

Australia

de Atlantische Oceaan

el Atlántico

de Stille Oceaan

el Pacífico

de Indische Oceaan

el Océano Índico

de Zuidelijke Oceaan

el Océano Antártico

de Noordelijke IJszee

el Océano Ártico

de Noordpool

el polo norte

de Zuidpool

el polo sur

Antarctica

la Antártida

de aarde

la Tierra

het land

la tierra

de zee

el mar

het eiland

la isla

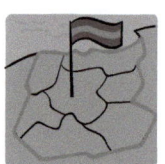

de natie

la nación

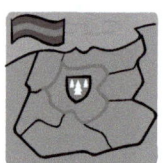

de staat

el estado

de wijzerplaat

la esfera

de uurwijzer

la manecilla de las horas

de minutenwijzer

el minutero

de secondewijzer

el segundero

Hoe laat is het?

¿Qué hora es?

de dag

el día

de tijd

la hora

nu

ahora

het digitaal horloge

el reloj digital

de minuut

el minuto

het uur

la hora

de week

la semana

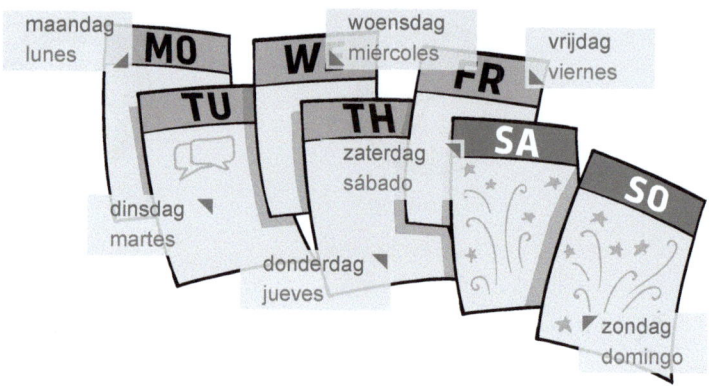

maandag / lunes
woensdag / miércoles
vrijdag / viernes
dinsdag / martes
zaterdag / sábado
donderdag / jueves
zondag / domingo

gisteren
....
ayer

vandaag
....
hoy

morgen
....
mañana

de ochtend
....
la mañana

de middag
....
el mediodía

de avond
....
la tarde

MO	TU	WE	TH	FR	SA	SU
1	2	3	4	5	6	7
8	9	10	11	12	13	14
15	16	17	18	19	20	21
22	23	24	25	26	27	28
29	30	31	1	2	3	4

de werkdagen
....
los días hábiles

MO	TU	WE	TH	FR	SA	SU
1	2	3	4	5	6	7
8	9	10	11	12	13	14
15	16	17	18	19	20	21
22	23	24	25	26	27	28
29	30	31	1	2	3	4

het weekend
....
el fin de semana

het jaar
el año

de regen
la lluvia
de regenboog
el arco iris
de sneeuw
la nieve
de wind
el viento
het voorjaar
la primavera
de herfst
el otoño
de zomer
el verano
de winter
el invierno

4.APRIL 11°
5.APRIL 4°
6.APRIL 13°
7.APRIL 8°
8.APRIL 10°

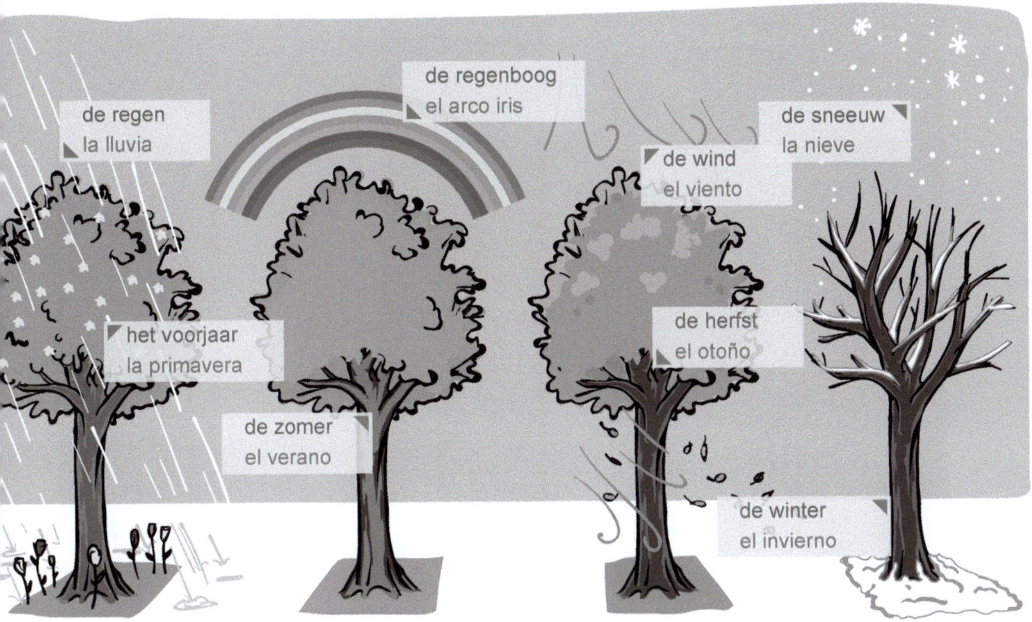

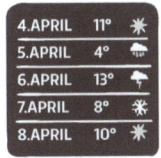

het weerbericht
....
pronóstico meteorológico

F C
120 90 60 30 0 -30
40 30 20 10 0 -10 -20

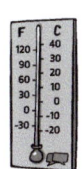

de thermometer
....
el termómetro

de zonneschijn
....
la luz del sol

de wolk
....
la nube

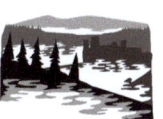

de mist
....
la niebla

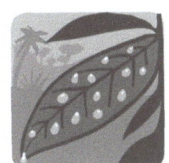

de luchtvochtigheid
....
la humedad

de bliksem

el rayo

de donder

el trueno

de storm

la tormenta

de hagel

el granizo

de moesson

el monzón

de overstroming

la inundación

het ijs

el hielo

januari

enero

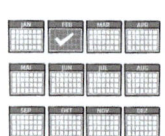

februari

febrero

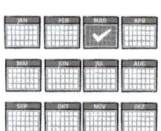

maart

marzo

april

abril

mei

mayo

juni

junio

juli

julio

augustus

agosto

september
....
septiembre

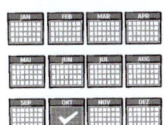

oktober
....
octubre

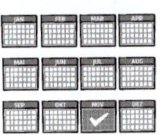

november
....
noviembre

december
....
diciembre

de vormen
las formas

de cirkel
....
el círculo

het vierkant
....
el cuadrado

de rechthoek
....
el rectángulo

de driehoek
....
el triángulo

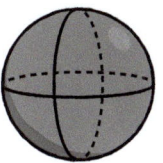

de bol
....
la esfera

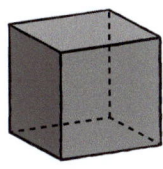

de kubus
....
el cubo

wit

blanco

geel

amarillo

oranje

naranja

roze

rosa

rood

rojo

paars

violeta

blauw

azul

groen

verde

bruin

marrón

grijs

gris

zwart

negro

veel / weinig

mucho / poco

boos / rustig

enojado / tranquilo

mooi / lelijk

lindo / feo

begin / einde

el principio / el fin

groot / klein

grande / chico

licht / donker

claro / oscuro

broer / zus

el hermano / la hermana

schoon / vies

limpio / sucio

volledig / onvolledig

completo / incompleto

dag/ nacht

el día / la noche

dood / levend

muerto / vivo

breed / smal

ancho / angosto

eetbaar / oneetbaar

comestible / no comestible

gemeen / aardig

malo / amable

opgewonden / verveeld

entusiasmado / aburrido

dik / dun

gordo / flaco

eerste / laatste

primero / último

vriend / vijand

el amigo / el enemigo

vol / leeg

lleno / vacío

hard / zacht

duro / blando

zwaar / licht

pesado / liviano

honger / dorst

el hambre / la sed

ziek / gezond

enfermo / sano

illegaal / legaal

ilegal / legal

intelligent / dom

inteligente / estúpido

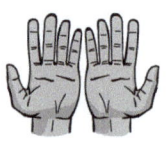

links / rechts

izquierda / derecha

dichtbij / ver

cerca / lejos

nieuw / gebruikt

nuevo / usado

niets / iets

nada / algo

oud / jong

viejo / joven

aan / uit

encendido / apagado

open / gesloten

abierto / cerrado

zacht / luid

silencioso / ruidoso

rijk / arm

rico / pobre

goed / fout

correcto / incorrecto

ruw / glad

áspero / suave

verdrietig / gelukkig

triste / contento

kort / lang

corto / largo

langzaam / snel

lento / rápido

nat / droog

mojado / seco

warm / koel

caliente / frío

oorlog / vrede

guerra / paz

de tegenstellingen - los opuestos

0

nul

cero

1

één

uno

2

twee

dos

3

drie

tres

4

vier

cuatro

5

vijf

cinco

6

zes

seis

7

zeven

siete

8

acht

ocho

9

negen

nueve

10

tien

diez

11

elf

once

12

twaalf

doce

13

dertien

trece

14

veertien

catorce

15

vijftien

quince

16

zestien

dieciséis

17

zeventien

diecisiete

18

achttien

dieciocho

19

negentien

diecinueve

20

twintig

veinte

100

honderd

cien

1.000

duizend

mil

1.000.000

miljoen

el millón

Engels

el inglés

Amerikaans Engels

el inglés americano

Chinees Mandarijn

el chino mandarín

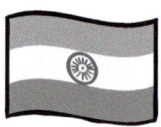

Hindi

el hindi

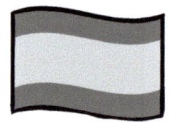

Spaans

el español

Frans

el francés

Arabisch

el árabe

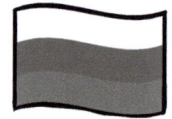

Russisch

el ruso

Portugees

el portugués

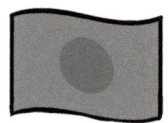

Bengalees

el bengalí

Duits

el alemán

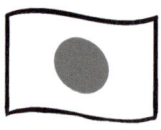

Japans

el japonés

ik
yo

jij
vos

hij / zij / het
él / ella

wij
nosotros

jullie
ustedes

zij
ellos

wie?
¿quién?

wat?
¿qué?

hoe?
¿cómo?

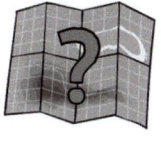

waar?
¿dónde?

wanneer?
¿cuándo?

de naam
el nombre

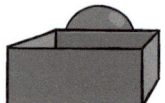

achter

detrás

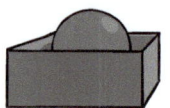

in

en

voor

adelante de

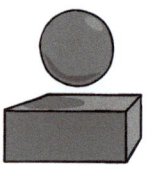

boven

por encima de

op

sobre

onder

debajo de

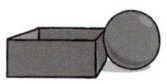

naast

al lado de

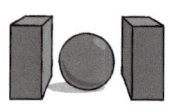

tussen

entre

plaats

el lugar